ANALIZA PESTLE

KLUCZOWE INFORMACJE

- **Nazwy:** Analiza PESTLE, analiza PESTEL, ramy PESTLE.

- **Zastosowanie:** analiza PESTLE umożliwia menedżerowi identyfikację kluczowych czynników makroekonomicznych, które mogą wywierać skuteczny wpływ na przyszły rozwój przedsiębiorstwa.

- **Dlaczego jest to skuteczne?** Identyfikacja przyszłych zmiennych makroekonomicznych, które mogą być przedmiotem zainteresowania oraz budowa różnych scenariuszy pozwalają menedżerowi lepiej przewidywać decyzje strategiczne niezbędne do zapewnienia właściwego rozwoju i trwałości przedsiębiorstwa.

- **Słowa kluczowe:**

  - <u>Przewaga konkurencyjna</u>: atut, który pozwala organizacji pozytywnie wyróżnić się i wyprzedzić konkurentów w danym sektorze.

  - <u>Strategia konkurencyjna</u>: metodologia wdrażana w celu maksymalizacji sukcesu przedsiębiorstwa poprzez wprowadzanie innowacji i przewagi nad konkurencją.

  - <u>Sytuacja gospodarcza</u>: ogólna pozycja jednostki, określona przez wszystkie jej struktury polityczne, ekonomiczne i społeczne.

ANALIZA PESTLE

Zrozumienie i zaplanowanie otoczenia biznesowego

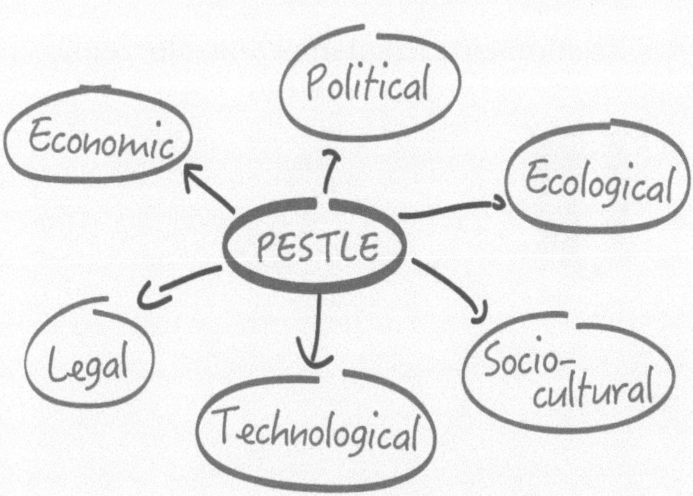

ANALIZA PESTLE

Zrozumienie i zaplanowanie otoczenia biznesowego

napisany przez Thomas del Marmol
przetłumaczony przez Kâmil Kowalski

50MINUTES.com

- Zmienna Pivot: element o kluczowym znaczeniu, który może w znacznym stopniu wpłynąć na rozwój firmy.

- Scenariusz: prawdopodobna teoretyczna prognoza na bliższą lub dalszą przyszłość.

PRZEDSIĘBIORSTWO I JEGO OTOCZENIE

Charakteryzując się dynamicznie modyfikowanym środowiskiem, nasze obecne społeczeństwo różni się pod wieloma względami od tego, jak charakteryzowało się dawniej. Dostosowanie się do zmieniającego się i konkurencyjnego środowiska stało się obecnie koniecznością dla każdego menedżera, który chce utrzymać swoją firmę na powierzchni i pomóc jej prosperować w nadchodzących latach. Środowisko (wymiar makroekonomiczny) okazało się być źródłem zarówno szans, jak i zagrożeń dla każdej firmy na rynku, niezależnie od branży czy sektora.

Dlatego potwierdzona antycypacja zjawiska makroekonomicznego lambda w krótkim czasie zapewni menedżerowi bezpośrednią przewagę konkurencyjną, jeśli pozwoli mu to na skuteczną reakcję przed konkurentami. Z drugiej strony, jeśli menedżer nie doceni doniosłego wydarzenia na rynku, szybko okaże się, że walczy z konkurentami, których prognozy są bardziej kompletne, gdyż będą musieli zmierzyć się z ich konkurencyjnymi i agresywnymi strategiami. Na przykład firmy, które nie przewidziały na czas ekspansji i możliwości, jakie daje Internet, przeżywały ciężki okres na przełomie tysiącleci.

Ponieważ umiejętność przewidywania pewnych przyszłych zdarzeń wydaje się być kluczem do sukcesu, dobrego rozwoju, a nawet, w niektórych przypadkach, przetrwania firmy, zawsze znajdą się osoby, które po zmianie otoczenia twierdzą, że wskaźniki i tak nieuchronnie zmierzały w tym kierunku. A przecież przewidywanie tych wskaźników jest niezwyjkle trudne i nikt nie ma kryształowej kuli do przewidywania przyszłości.

To właśnie w tym kontekście niepewności narodziła się analiza PESTLE, której celem jest identyfikacja i oszacowanie zmiennej makroekonomicznej istotnej dla organizacji w określonym otoczeniu.

DEFINICJA MODELU

Analiza przybrała nazwę PESTLE w nawiązaniu do akronimu utworzonego z inicjałów sześciu kategorii zmiennych makroekonomicznych uwzględnionych w modelu (Political, Economic, Socio-cultural, Technological, Legal and Environmental). Po pierwsze, model pozwala menedżerom zidentyfikować zmienne makroekonomiczne, które należy wziąć pod uwagę przy rozwoju przedsiębiorstwa (szanse vs. potencjalne ryzyka), których prawdopodobieństwo jest jeszcze stosunkowo niepewne. Następnie model może pomóc menedżerowi rozpocząć konceptualizację różnych scenariuszy opartych na tych niepewnych zmiennych, aby lepiej przewidzieć, co może się wydarzyć i podjąć odpowiednie kroki w przyszłości.

👁 Co to jest makrośrodowisko?

Otoczenie organizacji można podzielić na trzy wyraźne struktury:

konkurenci i rynek;

branży (tj. sektora przedsiębiorstw);

makrootoczenie, czyli warstwę najwyższego poziomu, na którą składają się szerokie czynniki środowiskowe, które w mniejszym lub większym stopniu oddziałują na prawie wszystkie organizacje. (Johnson i in., 2008).

TEORIA

KONTEKST I KONCEPCJA

Geneza analizy PESTLE pozostaje stosunkowo niejasna. Niektórzy autorzy są jednak zgodni, że pierwsze ślady jej pojawienia się można odnaleźć w książce Francisa J. Aguilara, *Scanning the Business Environment* (1967). Wówczas model ten nazwano analizą PEST, co odpowiada początkowym kategoriom zmiennych makroekonomicznych: politycznych, ekonomicznych, społeczno-kulturowych i technologicznych.

Była ona wdrażana i doskonalona w latach 70. i 80. przez kilku znakomitych autorów: Liam Fahey (dyrektor organizacji konsultingowej Leadership Forum Inc. i profesor zarządzania w Boston College), Vadake K. Narayanan (profesor zarządzania w Drexel University) i Arnold Brown (kierownik projektów konsultingowych), to tylko kliku z nich. Z tych różnych prac wyłoniły się różne rozszerzenia pierwotnego modelu pod nazwami analizy PEST, SLEPT czy STEEPLE. Ostatecznie zachowano dodatkowe zmienne "prawne" i "środowiskowe", w wyniku czego powstał model PESTLE, który jest dziś najszerzej akceptowany. Należy jednak pamiętać, że niektórzy wolą łączyć aspekty "polityczne" i "prawne" pod jednym terminem "polityczno-prawne", tworząc akronim PESTE.

Zbiór zmiennych

Ponieważ jest to popularny i regularnie stosowany model, zarówno przy uzupełnianiu biznesplanów, strategii produkcyjnych czy marketingowych, jak i przy uruchamianiu nowych projektów (np. przy opracowywaniu nowego produktu na rynku, na który firma jeszcze nie weszła), podejście musi być konkretne.

Podstawowym celem analizy PESTLE jest identyfikacja nieuniknionych zmian makroekonomicznych, które mogą mieć istotny wpływ na rozwój firmy (w zakresie jej produktów, marki czy nawet całej organizacji). Nie chodzi więc o przeprowadzenie kompleksowego badania otoczenia zewnętrznego: dogłębna analiza zmiennych makroekonomicznych ma znaczenie jedynie w odniesieniu do konkretnego przedsiębiorstwa, dzięki czemu może ono przewidzieć zmiany, które prawdopodobnie wystąpią w jego skali.

W istocie, spośród wszystkich wydarzeń makroekonomicznych, które wystąpią w najbliższych latach, tylko niektóre z nich będą wywierały realny wpływ na ewolucję przedsiębiorstwa. Dlatego też obowiązkiem menedżera jest rozróżnienie zmiennych, które mogą bezpośrednio lub pośrednio wpłynąć na organizację, od tych, które będą miały jedynie niewielki wpływ na jej trwałość. Dlatego też członek zarządu stojący na czele firmy naftowej nie zareaguje na ostatnie odkrycia dotyczące wkładów gazu łupkowego w taki sam sposób jak członek zarządu firmy żeglugowej czy właściciel sklepu z kanapkami!

Zmienne makroekonomiczne są podzielone na sześć odrębnych, choć stosunkowo współzależnych, kategorii.

- **Zmienne polityczne.** Tendencje polityczne w danym kraju (naciski rządu, polityka monetarna itp.) w znacznym stopniu wpływają na firmę, która decyduje się na założenie tam swojej działalności: ustanowione władze publiczne podejmują coraz więcej decyzji, które mogą mieć bezpośredni wpływ na codzienną działalność i perspektywy firmy w aspekcie finansowym (odsetki notarialne itp.) i społecznym (pomoc w zatrudnieniu, dotacje itp.). Należy również rozważyć inne elementy, takie jak konflikt, poziom korupcji czy stopień interwencji państwa. Ponadto przedsiębiorca, który uruchamia działalność komercyjną w kraju, w którym panuje wieczny konflikt rządowy, powinien zadbać o to, aby odpowiedzieć na potrzeby rdzennych mieszkańców, które będą inne niż w przypadku osób żyjących w kraju o stabilizacji i pokoju. Należy również pamiętać, że istnieją organy takie jak Komisja Europejska i Światowa Organizacja Handlu (WTO), które regulują politykę handlu międzynarodowego.

- **Zmienne ekonomiczne.** O ile zmiana sytuacji ekonomicznej jest praktycznie niemożliwa, to z pewnością firma może przygotować się na lepsze radzenie sobie z wahaniami. Obserwacja zmian PKB danego kraju, jego progów podatkowych oraz wzrostu siły nabywczej mieszkańców okaże się kluczowa w posiadaniu wszystkich czynników niezbędnych do podejmowania decyzji menedżerskich. Sukces ekonomiczny przedsiębiorstwa wiąże się również z obserwacją kluczowych danych liczbowych istotnych dla danego sektora oraz analizą trendów konsumenckich. Tym samym przewidywanie znacznego spadku siły nabywczej pozwala firmie na dostosowanie ogólnej strategii w celu zminimalizowania strat.

- **Zmienne społeczno-kulturowe.** Znajomość charakterystyki populacji (demografia, rozkład wieku, itp.) w celu zrozumienia jej zachowań nabywczych jest niezbędna do podbicia rynku. Ponadto, historia (korzenie i tradycje), jak również wpływy religijne i społeczno-kulturowe (moda, media, środki komunikacji, itp.) pozwalają firmie udoskonalić analizę specyficznych potrzeb danych osób. Na przykład obywatele krajów śródziemnomorskich mają pod wieloma względami inne potrzeby niż ich odpowiednicy z krajów bałtyckich, co wynika z ich kultury, klimatu, w którym żyją lub religii.

- **Zmienne technologiczne.** W dzisiejszych czasach wielu ekspertów jest zajętych pracą w każdym zakątku planety, dążąc do zrewolucjonizowania istniejących procesów. Podczas gdy niektóre z tych odkryć prawdopodobnie nie będą miały wpływu na rynek docelowy, inne mają potencjał, by całkowicie obalić normę. Rewolucja internetowa była zaskoczeniem dla wielu menedżerów, a ci, którzy przewidzieli jej zwiększone wykorzystanie, zyskali znaczną przewagę konkurencyjną. Dlatego naturalne wydaje się zbadanie praktyk w zakresie R&D (badanie i rozwój) i innowacji w wybranej dziedzinie (core business) firmy. Ciągłe ponowne ocenianie produktu, a także procesów związanych z jego przygotowaniem i pozyskaniem przez klienta, jest kluczem do skutecznej obserwacji technologicznej.

- **Zmiany w prawie.** Bycie na bieżąco z przepisami (prawo pracy, prawo handlowe, itp.) w kraju, w którym firma jest lub będzie zlokalizowana – ponieważ ustawodawstwo różni się w zależności od miejsca – jest obecnie jednym z najlepszych sposobów ochrony firmy przed ewentualnymi atakami prawnymi i działania w najlepszy możliwy sposób w ramach ograniczeń prawnych. Na przykład przepisy dotyczące noszenia broni nie są takie same w każdym kraju, a każdy bystry przedsiębiorca chcący zaangażować się w ten sektor szybko dostosuje swoją komunikację i dystrybucję do przepisów obowiązujących w danym kraju. Zachęty podatkowe mogą również skłonić dobrze poinformowanego menedżera do skłaniania się ku niektórym krajom, a nie innym.

- **Zmienne środowiskowe.** [XXI] wiek jest kontynuacją [XX], stawiając środowisko i zrównoważony rozwój w centrum debat bardziej niż kiedykolwiek. Niepokojące zmiany klimatyczne, stale rosnące zanieczyszczenie, segregacja odpadów, która różni się w zależności od kraju, itd.: obecnie te aspekty interesują i niepokoją coraz więcej ludzi i tych, którzy nimi kierują. Te obawy mają czasem bezpośredni wpływ na świat komercyjny. Kontrola zużycia energii lub poziomu zanieczyszczeń to dwa przykłady wielu działań podejmowanych przez władze regionalne, krajowe i/lub międzynarodowe. Mogą one wpływać na przebieg działalności organizacji.

Tymczasem powstają nowe rynki: na przykład w przypadku produktów ekologicznych.

Poniższa tabela przedstawia zestawienie głównych zmiennych makroekonomicznych dla każdej zidentyfikowanej kategorii. Ta niewyczerpująca lista powinna być uzupełniona zgodnie z sektorem korporacyjnym i konkretnymi krajami każdego przedsiębiorstwa.

Określanie zmiennych obrotowych

Główna trudność tego ćwiczenia polega na zidentyfikowaniu istotnych zmiennych w odniesieniu do konkretnej firmy. Jeśli sortowanie nie zostanie dobrze przeprowadzone, istnieje ryzyko, że otrzymamy tak wiele informacji, że nie będziemy w stanie poświęcić należytej uwagi każdej z nich i w związku z tym przegapimy szanse lub bezpośrednie zagrożenia. W związku z tym, konieczne jest zidentyfikowanie zmiennych obrotowych, aby lepiej zrozumieć kluczowe dla firmy wydarzenia, **do** których dojdzie w przyszłości.

Zmienne pivot to "czynniki, które mogą znacząco wpłynąć na strukturę branży lub rynku" (Johnson i in., 2008: 64). Zmienne te są w konsekwencji różne w zależności od rodzaju branży i rynku – choć niektórzy twierdzą, że wszystkie firmy stoją w obliczu tych samych zagrożeń, ponieważ globalizacja rynków wciąż rośnie, a organy regulujące handel międzynarodowy są stale tworzone. Ponadto zmieniają się one wraz z upływem czasu, co prowadzi do wiecznego kwestionowania wykorzystywanych danych. Czy to na poziomie gustów konsumentów, czy też sytuacji gospodarczej, praca w zmiennym środowisku zmusza menedżera do regularnego konsultowania lub proszenia o badania rynkowe albo wychodzenia "w teren" w celu weryfikacji istotności tych zmiennych.

Konstruowanie scenariuszy

Po zgromadzeniu, zidentyfikowaniu i sklasyfikowaniu danych, na podstawie zmiennych pivot, według ich prawdopodobieństwa i potencjalnego wpływu, menedżer będzie musiał opracować scenariusze. Reprezentują one możliwe alternatywy dla przyszłości firmy. Na przykład jedna ze zmiennych pivot w sektorze nieruchomości jest bezpośrednio związana z oprocentowaniem kredytów hipotecznych umożliwiających osobom fizycznym dokonywanie inwestycji. W tym przypadku szef firmy budowlanej wyobrazi sobie różne scenariusze: jeden, w którym stopa nieznacznie wzrasta, drugi, w którym silnie spada, trzeci, w którym stoi w miejscu itd.

KORZYŚCI PŁYNĄCE ZE STOSOWANIA MODELU PESTLE

Pomimo faktu, że analiza PESTLE nie rości sobie prawa do przewidywania tego, co przyniesie przyszłość, to jednak okazuje się przydatna do inicjowania proaktywnych i konstruktywnych dyskusji na temat przyszłości firmy. Odpowiednie wdrożenie tego narzędzia pozwala na wykrycie potencjalnych szans i zagrożeń dla firmy, które szybko mogą przerodzić się w znaczącą przewagę konkurencyjną. Model PESTLE sprzyja kompleksowemu spojrzeniu, możliwości zrobienia kroku wstecz i pewnej elastyczności.

Wykorzystanie scenariuszy jest szczególnie korzystne w sytuacji, gdy mamy do czynienia z niewielką liczbą zmiennych pivot o wysokim stopniu niepewności. Mogą one prowadzić do dwóch radykalnie różnych przyszłości firmy i zadaniem menedżera jest prawidłowe określenie odpowiedzi na każdą z nich, a przede wszystkim ich potencjalnego wkładu w wyniki firmy. W zależności od różnych opisanych scenariuszy można przewidzieć idealne reakcje w przypadku zmaterializowania się któregoś z nich. Sensowne jest również ilościowe określenie prawdopodobieństwa wystąpienia każdego ze scenariuszy, aby zawczasu przygotować elementy niezbędne do osiągnięcia sukcesu przez firmę w najbardziej prawdopodobnym scenariuszu.

Po zidentyfikowaniu różnych scenariuszy zadaniem menedżera i jego doradców jest dokładna analiza każdego z nich, ocena prawdopodobieństwa ich materializacji oraz bezpośredniego wpływu, jaki miałoby to na firmę.

PRAKTYCZNE ZASTOSOWANIE

PORADY I NAJWAŻNIEJSZE WSKAZÓWKI

Sortowanie i rozwój informacji

Gromadzenie danych makroekonomicznych wiąże się niekiedy z uwzględnieniem informacji, które nie zawsze są w pełni wiarygodne. Dlatego też zdecydowanie zaleca się, aby zarządzający natychmiast weryfikował prawdę gruntową w celu sprawdzenia jej poprawności. W tym przypadku niezbędne jest również stałe porównywanie zebranych informacji z nowymi danymi, które napływają z rynku.

Wydaje się, w odniesieniu do zaproponowanej powyżej klasyfikacji, że wiele zmiennych jest współzależnych. Rzeczywiście, wprowadzenie podatku od zanieczyszczeń dotyczy zarówno aspektów prawnych, jak i środowiskowych. Podobnie, pojawienie się nowej technologii może wpłynąć na pewne ekonomiczne i społeczno-kulturowe aspekty danego kraju. Tak więc, nawet jeśli proponowana klasyfikacja jest przydatna dla menedżera – który jest zobowiązany do sortowania pomiędzy zmiennymi – nie musi być stosowana systematycznie w każdym szczególe. W gruncie rzeczy znaczenie klasyfikowania zmiennych do tej czy innej kategorii jest względne: na przykład spędzanie godzin na rozstrzyganiu, czy polityka fiskalna danego kraju jest związana bardziej z kategoriami politycznymi, ekonomicznymi czy prawnymi, nie ma większego znaczenia. Ponieważ jest to przede wszystkim uporządkowana metoda wyszczególniania różnych wpływów makroekonomicznych na przedsiębiorstwo, prawdziwe wyzwanie polega na określeniu istotności tych danych i ich potencjalnego wpływu na organizację. Aby ułatwić sortowanie informacji, przydatne może być również dokonywanie porównań z wydarzeniami z przeszłości, które w jakikolwiek sposób wpłynęły na dany sektor.

Konstrukcja scenariuszy gwarantuje kompleksowy obraz możliwych przyszłych sytuacji, ale w żadnym wypadku nie powinna być przeprowadzana zbyt szczegółowo: analiza PESTLE nie próbuje dyktować konkretnych wytycznych, ale raczej inicjuje dyskusje na temat możliwych decyzji strategicznych, które należy podjąć w przypadku urzeczywistnienia się sytuacji opisanej w jednym ze scenariuszy. Ogólnie zaleca się wybór parzystej liczby scenariuszy (dwa lub cztery), aby uniknąć pokusy faworyzowania scenariusza pośredniego.

Aplikacje

Jest wiele momentów i sytuacji, w których analiza PESTLE jest właściwa:

- **Uruchomienie nowej działalności gospodarczej.** Opracowanie biznesplanu, który jest niezbędny do przekonania udziałowców do zainwestowania w firmę, wymaga zastosowania narzędzi strategicznych, które pozwolą wykazać się dokładną analizą rynku i jego atrakcyjności dla konsumentów. W tym kontekście analiza PESTLE może udowodnić inwestorom, że otoczenie makroekonomiczne sprzyja rozwojowi firmy na rynku, a jeśli tak nie jest, to przynajmniej zwrócić ich uwagę na fakt, że firma jest świadoma zmiennych ryzyka i istnieje sposób na ich zrekompensowanie.

- **Rozwój nowych produktów lub uruchomienie nowych projektów.** Podobnie analiza PESTLE pozwala menedżerowi ocenić, czy otoczenie jest gotowe na przyjęcie nowego produktu na rynek. Przedmiotem szczegółowej analizy może być również decyzja o podjęciu nowego projektu.

- **Ponowna ocena organizacji przedsiębiorstwa.** Wybory dokonane podczas tworzenia firmy mogą szybko stać się nieaktualne w obliczu ciągłej ewolucji większości rynków. Gusta ludności mogą bowiem ulegać szybkim modyfikacjom, warunki ekonomiczne ulegają wahaniom, pojawiają się nowe technologie itp. Strategia firmy powinna być stale poddawana ponownej ewaluacji, poprzez dokonywanie regularnych aktualizacji analizy PESTLE i innych narzędzi diagnostycznych, w celu uwzględnienia najnowszych wydarzeń.

- **Proces podejmowania decyzji w zakresie strategii marketingowej.** Posiadanie wiedzy na temat zmiennych makroekonomicznych danego sektora, zwłaszcza na poziomie społeczno-kulturowym, może być kluczowe dla właściwego komunikowania się z jego odbiorcami. Jakie są normy kulturowe w danym regionie? Jaka jest historia kraju? Te pytania pomogą uniknąć kosztownych błędów czasowych i finansowych dla firmy, która chce, aby jej produkt został przyjęty przez część populacji.

Zgromadzone zmienne będą interpretowane w różnorodny sposób w zależności od doświadczenia i zaplecza osób je analizujących. Ekonomista nie będzie postrzegał konsekwencji zmiany rządu w taki sam sposób jak prawnik czy socjolog.

Ponieważ współdziałanie ekspertów pozwala na optymalne przewidywanie implikacji nowo zidentyfikowanej zmiennej, niezbędna staje się współpraca z odpowiednimi osobami.

Analiza sektora

Prace przygotowawcze przeprowadzone z wykorzystaniem analizy PESTLE pomagają menedżerowi w podjęciu odpowiednich decyzji w terenie, takich, które zapewnią trwałość przedsiębiorstwa. Będą one miały bezpośredni i pośredni wpływ na procesy i pracę wszystkich członków organizacji.

Dlatego też decyzje podejmowane w ramach analizy PESTLE powinny być dzielone z całą organizacją, tak aby zjednoczyć zespół wokół wspólnej wizji, która jest zrozumiała i przyjęta przez wszystkich. Wsparcie całej organizacji jest być może jednym z głównych kluczy do sukcesu w zakresie decyzji wynikających z analizy PESTLE. Wdrożenie podjętych decyzji dotyczących codziennego funkcjonowania firmy będzie ułatwione.

Belgian Post Group (bpost)

W 1790 roku w Belgii pojawiła się poczta miejska. Jej działalność stale się rozwijała, aż przekształciła się w znaną nam dziś spółkę akcyjną bpost. Choć reforma z 1963 roku, zgodnie z którą każdy dom musi mieć skrzynkę pocztową, stanowiła prawdziwy impuls dla rozwoju zwykłej poczty, to od początku XXI wieku firma musi stawiać czoła nowym wyzwaniom. Pojawienie się nowych środków komunikacji i coraz powszechniejsze korzystanie z Internetu zmieniło nieco sytuację w sektorze, w którym kiedyś dominował papier. Ponadto, podczas gdy kiedyś bpost zmonopolizował rynek usług pocztowych, w 2011 r. pojawiła się konkurencja, która po raz kolejny zachwiała trybem pracy, do którego przywykł bpost.

To właśnie w tym zaburzonym kontekście firma postanowiła w 2013 roku uruchomić nową usługę: *Shop and Deliver* lub "bpost by appointment", której celem jest dostarczanie zakupów do domów klientów zgodnie z zamówieniami złożonymi wcześniej na ich stronie internetowej. Aby to zrobić, celem firmy jest nawiązanie partnerstwa z przedsiębiorcami mającymi już ugruntowaną pozycję na rynku, aby zadowolić maksymalną liczbę osób. Bpost opiera się w ten sposób na istniejącej długoterminowej relacji zaufania ze swoimi interesariuszami: z jednej strony spółka oferuje sprzedawcom medium, podobne do platformy handlu elektronicznego, pozwalające im dotrzeć do osób robiących zakupy

w internecie, a z drugiej strony klienci bpost mail korzy-
stają z usługi dostarczania zakupów do domu w dni
powszednie między godziną 17.00 a 21.00. Mogą oni
wybrać produkty w internecie, miejsce dostawy i prze-
dział czasowy za jednorazową cenę 9,95 euro za paczkę.

Zakończona analiza PESTLE

Jak omówiono powyżej, przy podejmowaniu decyzji o
uruchomieniu nowego projektu rozsądne może być
zastosowanie analizy PESTLE, aby w pełni zrozumieć
tajniki przyszłych zmiennych makroekonomicznych. W
tym przypadku odpowiednie zmienne wybrane do tej
analizy odnoszą się do uruchomienia projektu *Shop and
Deliver*, który bpost chce wdrożyć.

Opracowywanie scenariuszy

Po zidentyfikowaniu nieznanych zmiennych menedżer
skonstruuje różne scenariusze, aby przewidzieć praw-
dopodobną ewolucję tych zmiennych i ich wpływ na
firmę. Biorąc pod uwagę dużą liczbę zmiennych zebranych dla tego studium przypadku, skupimy się na skon-
struowaniu czterech scenariuszy dla zmiennych
społeczno-kulturowych.

Powodzenie projektu zależy zarówno od akceptacji
usługi przez ogół społeczeństwa, jak i od rozszerzenia
sprzedaży poprzez e-commerce. Spełnienie tych dwóch
warunków wynika z wielu niepoliczalnych aspektów,
dlatego niezbędne jest skonstruowanie różnych scenariuszy. Poniższy schemat przedstawia różne scenariusze

ewolucji przedsiębiorstwa w oparciu o materializację zmiennych.

Od tej pory firma może przewidzieć wszystkie ewentualności: menedżer musi być przygotowany na to, by jak najlepiej zareagować na każdy scenariusz i zapewnić odpowiednie rozwiązania w przypadku, gdy któryś z nich się pojawi.

Wniosek

- Podsumowując, chociaż bpost pozostaje przedsiębiorstwem należącym w większości do państwa belgijskiego, z biegiem lat zyskuje coraz większą niezależność, tak że nie może już dłużej utrzymywać się z pomocy publicznej ani ze swoich aktywów, co w pełni zachęca ją do osiągnięcia wysokiej konkurencyjności.

- Jej podstawowy biznes cierpi z powodu złego wizerunku, jak również mniejszej aktywności z powodu wielu niekorzystnych czynników. W jej interesie leży wykorzystanie sprawności technologicznej i swojej rentowności (17,96% znormalizowana marża EBIT w 2013 r.) do prowadzenia szeregu strategicznych dywersyfikacji, w tym *Shop and Deliver*, aby przygotować się na zmiany stylu życia konsumentów, którzy coraz częściej wykorzystują e-commerce do dokonywania zakupów.

- Prowadzona przez firmę działalność *Shop and Deliver* zapewni dodatkowy dochód, umożliwiając dywersyfikację źródeł zysku. Propozycja projektu została zatwierdzona przez kierownictwo: obecnie w fazie rozwoju, zostanie odpowiednio uruchomiona w najbliższych miesiącach. Tylko czas pokaże, czy projekt ten zakończy się sukcesem czy zupełną klęską.

- Chociaż zastosowanie analizy PESTLE jest rzeczywiście istotne w tym przypadku, pozostaje niewystarczające. W rzeczywistości analiza ta musi być uzupełniona o szczegółową analizę mocnych i słabych stron firmy, aby określić jej główne atuty w dążeniu do integracji ze środowiskiem i rentowności: zagrożenia i szanse (analiza SWOT), jak również otwarcie rynku na konkurencję (analiza pięciu sił Portera (+1)) powinny być należycie uwzględnione, aby uniknąć pominięcia jakichkolwiek aspektów i uzyskać najlepsze możliwe prognozy.

OGRANICZENIA I KRYTYKA

Chociaż model ten jest bardzo popularny wśród menedżerów biznesowych, analiza PESTLE, jak każdy inny model strategiczny, ma jednak pewne ograniczenia.

- **Względna wizja globalna.** Jedno z głównych ograniczeń jest w rzeczywistości wynikiem pewnej z najpopularniejszych zalet modelu: chcąc objąć szerokie spektrum zmiennych makroekonomicznych, menedżer może szybkobyć przytłoczony ilością informacji, z którymi nieuchronnie musi się zmierzyć. W gruncie rzeczy istnieje ogromna różnica między podkreślaniem znaczenia sortowania odpowiednich zmiennych makroekonomicznych a robieniem tego w praktyce. W pewnym momencie wszystkie zmienne wydają się ważne, a liczba scenariuszy do skonstruowania jest tak duża, że sam Steve Jobs miałby trudności z wyciągnięciem odpowiednich wniosków! Bycie kompetentnym nie zawsze wystarcza do identyfikacji zmiennych pivotowych. Czasami konieczne jest posiadanie dobrej intuicji i jej kwestionowanie: na przykład otaczanie się multidyscyplinarnym zespołem zdolnym do rozwijania zbiorowej inteligencji i liczenie na łut szczęścia. Niemniej jednak na szczęście można wpłynąć poprzez rygorystyczną pracę i możliwie szeroką analizę.

- **Niewiarygodne scenariusze.** Sytuacje w praktyce są często inne niż w teorii, a to co jest przewidywane nie zawsze pokrywa się z rzeczywistością. Pod tym kątem narzędzie wydaje się przydatne, ale nie posiada konkretnej wiarygodności.

- **Brak obiektywizmu.** Zaobserwowano, że wielu menedżerów decyduje się na wdrożenie trzech oddzielnych scenariuszy dla zmiennej pivot: scenariusz optymistyczny, scenariusz pesymistyczny i scenariusz neutralny. Chociaż taka taktyka daje menedżerowi wrażenie, że jest maksymalnie obiektywny przy tworzeniu strategii, w rzeczywistości często zmusza go do zignorowania dwóch pozostałych scenariuszy na rzecz scenariusza neutralnego. Jaka jest więc korzyść z konstruowania kilku scenariuszy, jeśli ostatecznie interesuje nas tylko jeden z nich?

- **Wpływ niemożliwy do skwantyfikowania.** Na koniec należy mieć świadomość, że o ile możliwe jest określenie głównych zmian makroekonomicznych, które mogłyby wpłynąć na rynek przy użyciu tego modelu, o tyle konkretny wpływ tych zmiennych na sektor pozostaje trudny do oceny, a jeszcze trudniejszy do skwantyfikowania.

POWIĄZANE MODELE I ROZSZERZENIA

Ponieważ analiza PESTLE dotyczy tylko jednego z trzech poziomów otoczenia organizacji, analiza oparta wyłącznie na jej zmiennych nie może być uznana za istotną dla opracowania strategii przedsiębiorstwa.

Diagnoza PESTLE, choć początkowo wydaje się interesująca (pozwala zidentyfikować główne trendy w makrootoczeniu), powinna być uzupełniona o inne narzędzia badające bliskie otoczenie organizacji, czyli jej makrootoczenie: branżę, bezpośrednich konkurentów itd. W dalszej kolejności analiza pięciu (+1) sił Portera oraz analiza SWOT uzupełniają rozważania na temat strategii firmy.

Analiza pięciu (+1) sił Portera

Opracowana przez amerykańskiego profesora Michaela Portera w 1979 roku analiza pięciu (+1) sił pozwala na obserwację atrakcyjności branży i identyfikację jej zachowań konkurencyjnych. Model ten opiera się na koncepcji przewagi konkurencyjnej. Dlatego do menedżera należy obserwacja głównych sił konkurencyjnych w branży, aby zrozumieć i lepiej oszacować siłę każdego z obecnych i potencjalnych konkurentów.

 ### CZYM JEST PRZEWAGA KONKURENCYJNA?

Koncepcja przewagi konkurencyjnej opiera się na "wszystkich cechach lub atrybutach posiadanych przez produkt lub markę, które dają jej pewną przewagę nad bezpośrednimi konkurentami. Te cechy lub atrybuty mogą mieć zróżnicowany charakter i odnosić się do samego produktu [...], niezbędnych lub dodanych usług, które towarzyszą usłudze podstawowej, lub warunków produkcji, dystrybucji lub sprzedaży produktu lub firmy" (Lambin i de Moerloose, 2008: 250).

Siły te stanowią:

- siła przetargowa dostawców

- siła przetargowa klientów

- zagrożenie ze strony nowych uczestników rynku

- produkty zastępcze

- konkurencja międzybranżowa

- rola państwa (uwzględniona później).

Zadanie oceny odpowiednich sił spoczywa na menedżerze: celem jest określenie obecnej i przyszłej atrakcyjności sektora, czyli perspektyw rozwoju i wyników ich działalności. Generalnie, analiza pięciu (+1) sił Portera kończy się określeniem kluczowych czynników sukcesu, które pozwalają na optymalny rozwój firmy.

Analiza SWOT

Opracowana w latach sześćdziesiątych przez kilku profesorów z Harvard Business School analiza SWOT ma na celu wyciągnięcie głównych wniosków z interesujących nas czynników związanych z charakterystyką firmy i jej otoczeniem. Nazwa modelu jest wynikiem akronimu utworzonego ze słów "Strengths", "Weaknesses", "Opportunities" i "Threats". Zatem obowiązkiem osoby podejmującej decyzję jest określenie głównych mocnych i słabych stron przedsiębiorstwa oraz świadomość szans i zagrożeń stojących przed sektorem.

Zainteresowanie analizą SWOT polega bardziej na wnioskach z niej płynących niż na wymienieniu cech przedsiębiorstwa i sektora. Dla menedżera wnioski będą wszelkimi punktami, które mogą być interesujące i punktami do refleksji, które pozwolą na opracowanie strategii dostosowanej do firmy, w odniesieniu zarówno do jej otoczenia wewnętrznego, jak i zewnętrznego.

ZBIEŻNOŚĆ MODELI

Doświadczony menedżer szybko zrozumie korzyści płynące z kompleksowego wdrożenia tych modeli. O ile pojedynczo mogą być jeszcze przydatne, to tak naprawdę to dzięki krzyżowaniu się i nakładaniu informacji między nimi można sformułować główne racjonalne decyzje strategiczne.

Analiza otoczenia następuje po przeprowadzeniu kilku kroków, podczas których wdrożenie pewnych modeli będzie miało wpływ na budowę późniejszych modeli. Chociaż zbieranie informacji może być żmudne, analiza otoczenia jest niezbędna dla każdej firmy, która chce utrzymać trwałą przewagę konkurencyjną.

PODSUMOWANIE

- Pierwsze ślady analizy PESTLE pojawiły się w 1967 roku w książce *Scanning the Business Environment* autorstwa profesora Francisa J. Aguilara, pod nazwą analiza PEST. Studiowana i rozwijana przez wielu autorów, przekształciła się później w model PESTLE, jaki jest obecnie znany.

- Główne cele analizy PESTLE to klasyfikacja zmiennych makroekonomicznych na sześć kategorii – Polityczną, Ekonomiczną, Społeczno-kulturową, Technologiczną, Prawną i Środowiskową – oraz zrobienie kroku wstecz, który jest niezbędny do przewidywania i zapewnienia przyszłości konkretnej firmy.

  - Obserwacja tych danych pozwala zrozumieć, w jakim otoczeniu rozwija się lub będzie się rozwijać w przyszłości przedsiębiorstwo. To globalne i makroekonomiczne spojrzenie dotyczy wszystkich firm.

  - Główna trudność modelu polega na uporządkowaniu odpowiednich zmiennych w zależności od danego przedsiębiorstwa. Ich zgromadzenie prowadzi do identyfikacji zmiennych pivotowych, które uważa się za mające kluczowy wpływ na zdrowy rozwój firmy, ale których prawdopodobieństwo jest jeszcze niepewne.

  - Niezależnie od tego, czy analiza PESTLE jest wykorzystywana tuż przed uruchomieniem nowej firmy, przy wprowadzaniu nowego produktu lub projektu, reorganizacji firmy, czy też w obliczu nadchodzących zmian w otoczeniu, dostarcza istotnych informacji na temat nieodłącznych zmiennych obrotowych danej sytuacji. W związku z tym, wykorzystując swoje obserwacje, menedżer skonstruuje kilka scenariuszy (najlepiej parzystą liczbę) na podstawie zebranych informacji. Celem jest lepsze przewidywanie przyszłych sytuacji, z którymi firma może się spotkać oraz dostarczenie rozwiązań zapewniających trwałość i przyszłość firmy.

- Analiza PESTLE pozwala zainicjować aktywną dyskusję na temat przyszłości firmy, w oparciu o zebrane wcześniej zmienne makroekonomiczne.

- Stosowanie jej samodzielnie jest interesujące, ale w zupełności nie wystarcza. Analiza pięciu (+1) sił Portera oraz analiza SWOT mogą okazać się przydatną pomocą w analizie otoczenia biznesu (mikrootoczenia).

- Przypadek firmy bpost pokazuje, jak ważna jest analiza, czy otoczenie sprzyja uruchomieniu nowego projektu, gdy firma ma do czynienia ze zmiennym otoczeniem.

- Na koniec należy pamiętać, że analiza PESTLE jest cennym narzędziem, choć nie może z całą pewnością przewidzieć, co przyniesie przyszłość. Pozwala jednak firmom zidentyfikować główne trendy, aby lepiej przygotować się i bronić swojej przewagi konkurencyjnej.

PRZECZYTAJ RÓWNIEŻ

BIBLIOGRAFIA

AWT. (2013) *L'e-commerce 2013 en Wallonie.* [Online]. [Dostęp 11 maja 2015]. Dostępny w Internet Archive: < https://web.archive.org/web/20131202084750/http://www.awt.be/web/dem/index.aspx?page=dem,fr,b13,ent,050>.

Bpost. (2013) *Raport roczny Bpost za rok 2012.* Bruksela: Bpost.

Curau, L. (2012) Avantages concurrentiels : les cinq forces de Porter. *Cafedelabourse.com.* [Online]. [Dostęp 11 maja 2015]. Dostępny w: < https://www.cafedelabourse.com/dossiers/article/avantages-concurrentiels-les-5-forces-de-porter#>.

Dcosta, A. (2011) Analiza PESTLE historia i zastosowanie. *Bright Hub Project Management.* [Online]. [Dostęp 11 maja 2015]. Dostępny w: < http://www.brighthubpm.com/project-planning/100279-pestle-analysis-history-and-application/>.

Duguay, B. (2014) La capacité stratégique. *UQAM.*

Johnson, G., Scholes, K., Whittington, R. i Fréry, F. (2008) *Stratégique.* [8 wydanie]. Paris: Pearson Education.

Kashi, K. i Dočkalíková, I. (2014) Metody MCDM w praktyce: Określanie znaczenia kryteriów analizy PESTEL. *International Days of Statistics and Economics.* [Online]. [Dostęp 11 maja 2015]. Dostępny w: < http://msed.vse.cz/msed_2014/article/362-Dockalikova-Iveta-paper.pdf>

Lambin, J-J. i de Moerloose, C. (2008) *Marketing stratégique et opérationnel. Du marketing à l'orientation de marché.* [7 wydanie]. Paris: Dunod.

Lopez, F. (2011) L'analyse PESTEL. *Actinnovation.* [Online]. [Dostęp 11 maja 2015]. Dostępny w: < http://www.actinnovation.com/innobox/outils-innovation/analyse-pestel>

Nadkarni, S. and Narayanan, V. K. (2007) Strategic Schemas, Strategic Flexibility, and Firm Performance: the Moderating Role of Industry Clockspeed. *Strategic Management Journal.* 28(3), pp. 243-270.

PESTLEAnalysis. (2014) *Czym jest analiza Pestle?* [Online]. [Dostęp 11 maja 2015]. Dostępny w: < http://pestleanalysis.com/>

Porter, M. E. (2008) Pięć sił konkurencyjnych, które kształtują strategię. *Harvard Business Review.* 86(1), pp. 25-40.

Post&Parcel. (2012) *Bpost rozszerza zakres prób z dostawą do domu w ciągu jednego dnia.* [Online]. [Dostęp 11 maja 2015]. Dostępny w: < http://postandparcel.info/52078/news/companies/bpost-extends-same-day-home-delivery-trials/>

Srivastava, R. K., Fahey, L. and Christensen, H. K. (2014) The resource-Based View and Marketing: The Role of Market-Based Assets in Gaining Competitive Advantage. *Journal of Management.* 27(6), pp. 777-802.

DODATKOWE ŹRÓDŁA

Aguilar, F. J. (1967) *Scanning the Business Environment.* New York: Macmillan.

strona *bpost.* http://www.bpost.be/site/fr/postgroup/index.html

Strona internetowa *Happycapital*. http://www.happy-capital.com/

Silva, N. (2012) SWOT Analysis vs PEST Analysis and When to Use Them. *Creately*. [Online]. [Dostęp 11 maja 2015]. Dostępny w: < http://creately.com/blog/diagrams/swot-analysis-vs-pest-analysis/>

Walsh, P. R. (2005) Dealing With The Uncertainties of Environmental Change by Adding Scenario Planning to The Strategy Reformulation Equation. *Management Decision*. 43(1), pp. 113-122.

Yüksel, I. (2012) Developing a Multi-Criteria Decision Making Model for PESTEL Analysis. *International Journal of Business and Management*. 7(24).

Chcemy usłyszeć od Ciebie, co się dzieje!
Zostaw komentarz na temat swojej internetowej biblioteki
i podziel się swoimi ulubionymi książkami w mediach społecznościowych!

IMPROVE YOUR GENERAL KNOWLEDGE

IN THE BLINK OF AN EYE!

www.50minutes.com

Wydawca zapewnia o wiarygodności publikowanych informacji, co jednak nie może wiązać się z jego odpowiedzialnością.

Master ISBN : 9782808066440
Papierowy ISBN : 9782808069090
Depozyt prawny: D/2022/12603/144

Projekt cyfrowy: Primento – cyfrowy partner wydawców.